明け方の空

前田敦子

宝島社

はじめに

私は〝今〟を楽しむことが大好きで、つい過去のことを置いてきてしまいます。過ぎたことにはこだわらないタイプ。ＡＫＢ時代もすべての記憶がうっすらとしていて、ファンの方が詳しいんじゃないかと思うくらい。メンバーと話していて「あの時、ああだったよね」と言われても、全然覚えてないんです……（笑）。

でも、大人になるにつれて、「ああ、あの時は楽しかったな」といつか思い出すために、〝今〟を残しておきたいなと思うようになりました。

ＡＫＢを卒業してからおよそ10年。

私が経験している人生の転換期は、自分でもすごく面白いと思うんです。プライベートでも仕事でも、毎日のように大きな発見や喜びがありますから。ＡＫＢ時代には自分のやっていることに対して誰よりも厳しかった私が、今は自分を労りながら「私、頑張っているよね」と声をかけたりして。それは成長と呼んでもいいのかも。

これから活躍する若い子たちと、人生の機微をすでに知っている先輩方の、私はちょうど中間辺りにいて、だからこそどちらの気持ちもちょっとだけわかるような気がします。時代の変化に合わせるようにして少しずつ大人になっていく私の話は、もしかしたら誰かの人生にも役立つことがあるかもしれない。もしかしたら共感していただける部分があるかもしれない。そんなふうに思って、この本を作ることにしました。

それでも、変化のど真ん中にいるとはいえ、私にはずっと変わらない部分があります。それは「ま、いっか」と、たいていの状況は楽しめてしまうところ。もしかしたら外からはいろんなものを背負い込んでいるように見えているかもしれませんが、実はこの「ま、いっか」精神こそ私がずっと持ち続けているもの。もちろん大変な時には、お風呂場で一人、「はー、しんど」なんてため息をついたりもしています。

でも基本、私は毎日、子どもと一緒に笑い転げながら生きています。

「なんか、前田敦子って楽しそうだから、私も楽しくやろう！」

そう思ってもらえたら、とても嬉しいです。

CONTENTS

デザイン 月足智子
撮影 藤代冥砂（P32、P33、P36、P39、P68〜P83）、217..NINA（その他）、
石澤義人（静物P150〜P152）
ヘア＆メイク 高橋里帆
スタイリング 濱本愛弓、小山田早織
編集協力 飛谷朋見、村岡俊也
DTP 株式会社ループスプロダクション
編集 田村真義、雨宮郁江（宝島社）

07

少しでも想いを伝えたくて
この本のタイトルの文字は
私が実際に書きました。

清潔感のある白が好きです。
真っ白ではなく、
エクリュみたいな優しい白が
好きですね。

16

CHAPTER 1 (FAMILY)

家族のこと

生み、育ててくれた私の家族。

生み、育てている今の家族。

変化しながらも愛に溢れた環境は

私の一番の原動力です。

今までも、そしてこれからもずっと。

theme

001

/

私の家族

両親、姉、私の4人家族で、私は21歳まで実家で暮らしていました。

両親はともに九州出身で、姉が生まれる前に千葉県へ引っ越してきたそうです。姉と私は市川市行徳で生まれ、育ちました。

そんな私は、九州に住んでいる95歳を過ぎた今でも元気な祖母に、とても似ているらしいんです。母からも性格がそっくりだと言われます。「どこが似てるの?」と聞いたら、「あつ(家族にあつと呼ばれています)そのものだよ」って(笑)。気が強くて、仕事一筋で、変なところがお人好しで、自分には全くお金をかけず、貯金の達人だったそうです。

その血筋なのか、家族の分も頑張りたいという思いが12歳の頃からずっとあるんです。

仕事が忙しくなって、都内に引っ越さなければいけなくなった19歳の時に、寂しいからと両親も一緒にきてもらっているので、その気持ちはさらに強くなりました。

母はいつだって全力で支えてくれます。弱虫だった10代の私が走り抜けられたのは、母がドンといてくれたから。この仕事をしている私を一番に応援してくれているんです。

父は昔、怒ると本当に怖くて。姉妹喧嘩、反抗期……子どもの頃はよく怒られましたね。そんな父も今では息子の大親友。遊ぶのが本当に上手なんです。私の仕事も、実はずっと、こそこそチェックしてくれているそうです（笑）。

だから両親のためにも、そして今は最愛の息子もいるので、「大切な存在のためにやるぞ！」と、強い決意とともに日々生きています。

そして姉も大切な存在です。見た目も性格も全然違う姉。子どもの頃の私が甘えん坊だったのに対して、姉は自立心旺盛でクール。そんな姉を、幼心にかっこいいなと思っていました。今でも一人の時間は好きそうですが、可愛いベイビーが生まれてからは、クールな姉から、すごく優しいしゃべり方をするおっとりとした女性になりました。会うととにかく癒されます。昔からあだ名で呼んでいる、友達のような姉。買い物に行ったり、女子としての話をしたり、そして、たまに家族全員でご飯を食べたり。

これからも変わらずにこの関係が続いていく、その当たり前っていいですよね。

とにかく、私がここまで頑張ってこれた一番の原動力は、家族です。

theme

002 / 日常

今、仕事が立て込んでいる時は実家に泊まることが多いです。

それはそれは快適空間で、両親とも私の仕事に配慮してくれて、夜中に台本読みをしても文句を言われたことは一度もありません。「ごめんね」と心の中で謝りながら、実家の仕事部屋と化しているお風呂場にこもって、洗面器にｉｐａｄを置いてセリフを覚えています。洗濯など家事全般も母に甘えさせてもらって、さらには、母はとにかく料理上手なので、お鍋の具材や私の大好物の魚のアラを買っていくと、ささっと作ってくれたりもするんです。もう本当にありがとうしかないです!!

ですが、家族でもそれぞれの時間と場所は必要だと思うので、甘えすぎず。

仕事がゆっくりな時は息子と二人暮らしが日常です。だから今、二人きりの家の環境作りにものすごく力を入れています。子ども部屋を作る準備もしています。息子が一人の時間をほしがる日もそう遠くはないと思うので、今から用意してあげたいんです。

仕事の日は、早朝スタートではない限り、保育園へ自転車で送り、その後仕事に向かいます。帰宅は保育園降園後になってしまうことが多いので、息子は実家またはパパのところで過ごし、帰り際に仕事現場まで連れてきてもらって、一緒に帰宅したりします。舞台中は、東京芸術劇場が息子の新しい遊び場でした（笑）。

息子は最近、元々なかった人見知りがさらになくなり、ハッピーさに磨きがかかって本当に楽しそう。大好きな人たちに囲まれて、その愛情の中ですくすく成長しています。

大きな仕事が終わった後は、とことん一緒にいる時間です。

その日までは、私が仕事に集中できる環境を、家族を始め、周りにいてくださる皆さんが作ってくれているので、感謝してもしきれないです。

何よりも息子が一番幸せでいられること。そして私と私の大切な人たちがストレスフリーでいられる環境。それを探し続けて、追い求めて、今も作り続けてる最中ですが、みんな笑顔でいてくれているので、いい感じなのかもと最近思い始めています。

おかげでもっともっと頑張れそうな自分がいます。

theme
003
/
前田動物園

前田家には、犬や猫がたくさんいます。

ずっと私と姉につきっきりで子育てをしてきた母が、初めて自分の趣味として出合ったのが犬と猫でした。私たちが大人になってようやく手が離れたタイミングで、一目惚れした子を飼い始めたのをきっかけに、それから少しずつ増えていきました。

前田動物園では、朝起きるとだいたい私の上に猫が3匹くらい乗っています。それ以外にも猫や犬があちこちにワサワサといて、ベッドの上はいつもしっちゃかめっちゃかです。でも冬はとてもあったかいですよ。

息子は息子で、大の仲良しの子がいたり、子猫たちが息子に甘えていて、とっても可愛いんです。子猫と息子が一緒に成長している感じ。

そんな息子も最近は犬と猫のお世話を手伝うようにもなっていて、あんまり食べない子の前に何度もお皿を運んで行ったり、ご飯のトレイを片付けたり。名前も覚えて、言えるようにもなってきました。おもちゃやお菓子を取られて「Ｎｏ！ Ｎｏ！」って怒ったり（笑）。

私が仕事で不在にしてもあまり寂しがらないのは、この犬や猫たちのおかげもあるのでしょう。本当に兄弟がたくさんいるみたいです。

前田家では絶えず誰かが動いていて、空気の止まる瞬間がないですから。息子が昼寝をしたらそっと寄り添う猫や犬がいて、喧嘩したり遊んだり、みんな自由にやっている。そういう生き物たちが同じ空間にいるから、息子ものびのび育っているのかもしれません。

彼らの抜け毛をずっとコロコロしたり、ガリッとやられたり、マーキングされる可能性があるから大切な物を隠すのが大変ですが（笑）、それらを差し引いても、
動物たちって、最高です！

theme
004
/
愛のかたちはそれぞれ

結婚が決まってからは張り切ってみんなに挨拶に行って、両家の顔合わせ、友達にも改めて紹介しあって。家では台本の相手をしたり、一緒に日用品をまとめ買いに行ったり、夜な夜なアイスを食べたり。そんな普通のことがとても楽しかったです。

さて、結婚式はどうしよう？　と話していたら、妊娠中だったのでどんどん太ってしまい、「今じゃなーい！」と言っているうちに子育てに追われて、考える暇もなくなって、そして別々に人生を歩む、離婚という選択をしました。

お互い頑張りすぎちゃったのかもしれません。〝家族はこうあらねば〟と思っていた時期は正直ありました。「家族はずっと一緒じゃないといけない」。

結果、自分の首も彼の首も絞めていたのかもしれません。

時間を経て、幸せは人によって違うから、家族のかたちだって自分たちで決めればいいと思うようになりました。それぞれがベストの選択を。

もちろん子どもの幸せは何より大事です。それぞれ別々の道を歩いたとしても、親であること、子どもは一番大切な、二人の宝物であることは絶対ですので。実際、元夫はとてもいいパパです。私が忙しい時は、可能な限り息子と一緒に過ごすことを優先してくれて、ありがたい限り。離婚してからの方が私たちはうまくいっています。なんでも話せる親友みたいな存在で……面白いですよね。二人で、息子のあそこが可愛い、ここが面白いとか親バカ同士で盛り上がり、「息子が笑顔でいられることを一番大切にしようぜ」って。親としては最高のタッグを組めています。この間は夏休みの思い出を作りました。

だからこれからどんな親子になっていくのか、私はすごく楽しみなんです。

本当の意味で信頼関係が築けたら、結婚届はいらないじゃないかと思ったりもします。結婚も離婚も、名義を変えて、ハンコやらいろいろ作り替えたり、大変なことがたくさんありますしね。

本当に人それぞれの愛のかたちがありますから。人と比べたり、比べられたりというのは絶対に違うなと、改めて今、思っています。

theme
005
/
妊娠出産

元夫とは「子どもができたら結婚しようね」と話をしていて、そうしたらすぐに来てくれて、もうすっごい嬉しかった。嬉しかったし、泣きました。早く会いたいってそればかり思っていました。

しかもラッキーなことにつわりはなかったので、アイスにパン、お肉を食べ放題の、毎晩一人でパーティ状態（笑）。そうしたら体重が最終的に20キロ増えてしまって。

ずっと体は元気だったけど、思考が「大丈夫だろうか。ちゃんと生まれてくるだろうか」ってネガティブな方に引っ張られてしまったりもしました。

妊娠や出産は本当に命がけで奇跡なんだと心から思っていたので、自分の妊娠に対しても楽観的でいられませんでした。いつ何があるかわからないんだと、もう不安で、怖くてたまらない、そんな気持ちもたくさん経験しました。

お腹が大きくなってきてからは、先生のアドバイスに従い、日課は毎日3時間のウォーキングと、スクワット100回。そして一番縁起のいい日に産みたいと思い、予定日周辺を調べて「この日に出ておいで〜」と毎日お腹に話しかけてました。

待ちに待った出産日。頭の大きい子だったので緊急帝王切開でしたが、体重もしっかり3500gもあって、見た目も「わぁ、ちっちゃくて可愛い♡」というよりも「お、しっかりしてるね」って感じ。義父にとても似ていて、思わず「お義父さんにそっくりだね」と言ったのが、息子にかけた最初の言葉でした（笑）。

とはいえ、息子に会えた喜びはとてつもなく、大号泣しました。本当に生まれてきてくれてありがとう。

ちなみに息子は希望していた縁起のいい日に生まれました。

偶然かもしれないけど、不思議で神秘的なことってありますよね。

theme

006

/

そっくりな息子と私

息子が生まれてからは、全部が息子の〝初めて〟なわけで、だからもう写真も動画もずっと撮りまくりです。毎日、何かしらを撮っているのに、記念日になればさらに写真館にも撮影に行ってしまうほど。

2歳を迎える頃、「ダメ！」と写真NGの時期もありましたが（笑）、最近は〝あっぷっぷ〟でポーズ、〝ベロベロバ～〟

で変顔。写真や動画を撮ると、成長も一緒に感じられます。フォルダは息子でいっぱいです。

ある日、たまたま自分の赤ちゃんの頃の写真を見たら、息子とそっくりすぎて笑ってしまいました。私もすごく頭の大きい子どもだったから。つぶらな瞳で顔のパーツが真ん中に寄っていて「そっくりじゃーん」って、思わず口に出してしまったくらい。二人セットで人に会うと、そのそっくりさにかなり驚かれます。

「1年前の今日はこんなに小さかったのね。懐かしいよ！」といつもかける言葉、最高に幸せな時間。これからも写真や動画をたくさん撮るぞ!!

そんな息子は、念願だったNODA・

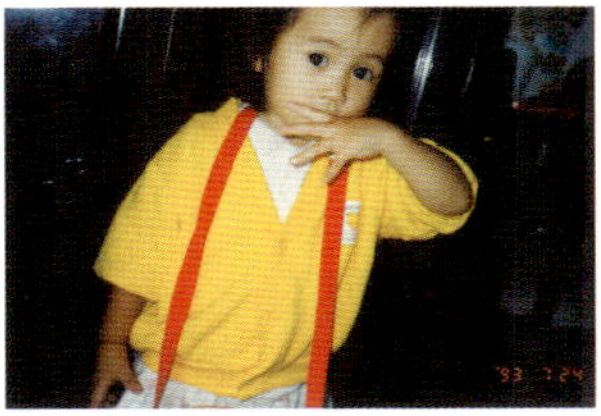

ＭＡＰの出演が決まり、大喜びしていたら、ものすごい笑顔でとびっきりのハグをしてくれました！　ハグして、背中をトントンして、チュー。かっこよすぎるんですけど（笑）。しかも、肩を抱き寄せるようにチューしてくるなんて、「そのやり方、どこで知ったの？」と母としてはほんの少し心配になりますが、彼は根っからのジェントルマン。

　この間二人で動物園に行った時に、隣でペンギンを見ていた少し年下の可愛い女の子をトントンして、『トイ・ストーリー』のウッディの人形を見せながらドヤ顔していました。女の子も大好き！　らしい。

　これは誰に似たんでしょうか（笑）。

Tops, Shoes/DOUBLE STANDARD CLOTHING
Denim/YANUK (CAITAC INTERNATIONAL)

theme
007
/
子どもとともに

出産から1ヶ月半後には、映画『旅のおわり世界のはじまり』の公開イベントが決まっていたので、そのタイミングで仕事に復帰しました。産後の痛い体に鞭打って、毎日、母乳をあげたりオムツを替えたり。子育ては待ったなしでどんどん進んでいくから、気づいたら当たり前のように動いて、そのままの勢いで仕事にも復帰しちゃえ！　って。

母は強し、まさにです。もう無敵状態。

今の自分の背中を子どもに見せ続けること。それは、もう強い使命感にかられていきます。

ありがたいことに、息子はとっても元気です。2歳をすぎても熱すら出したことがなかったし、湿疹もなし。基本的には強い子なんだと思います。卒乳の際に、整体の先生から「アレルギーになりづらいから、粉ミルクはソイにしてください」とアドバイスをもらっていて、それ以来、息子は毎日無調整豆乳を200㎖は飲み、好物は豆腐、味噌汁、納豆。そう、息子の健康は、大豆のおかげかもしれません。

そんな息子もついに、先日ノロウイルスにかかってしまい、舞台中だったので、毎日が戦いでしたが、それでもきっかり2週間で完治しました。

今のところ、体調を崩したのはその一度きりですが、病を経て、前よりもパワーアップした息子を見ながら、こうやって子どもは免疫をつけて強くなっていくんだなと納得。それと同時に、私のハートも強くなったような気がしています。二人でさらに強い体作りをしていきたいです。

子育てに関しては、世に言う〝母子一心同体〟とは違う気がします。親子だからって子どもは所有物じゃない。彼には彼なりの世界があるから、彼の個を尊重したいんです。

礼儀作法とか、生きていく上で大事なことはきちんと教えます。でもそれ以外に関しては、なんでも挑戦させてみて、子どもなりにどうするかを見守っていきたい。いろいろ経験

SNOO
FOR

し、彼なりに考えているると思うので。

いかに先回りして止めないか、が大切かなと思っています。

彼は小さい頃から自分の意思がしっかりあって、自分のルーティンがきちんとできています。たとえば実家では、夜ご飯を食べ終わるとすぐに自分の荷物をまとめて、じいじの部屋へ。のぞきに行くと、「ママ、Ｎｏ！Ｎｏ！」ってドアを閉められます（笑）。その後、お風呂は誰と入るか、自分で選んで「Ｇｏ！Ｇｏ！」と自ら誘いにいきます。

２歳になってすぐの頃、保育園の帰りに一緒にランチに行こうと向かっていた途中、ばあばに会って、その瞬間に息子が、「ばあばと一緒に家に帰る」と言い出し、「え、私は？」って、フラれたこともあります（笑）。

毎日本当に面白くて飽きない息子です。本人がすでにしっかりしてくれているので、私は〝見守る〟ことに徹することが多い、というのもあると思います。

今思えば、私自身も親からこうしなさい、ああしなさいと言われたことは一度もないし、理不尽に怒られたこともありません。

「芸能界に入りたい」って言った時も「いいんじゃない？」とすんなり認めてくれたし、「学校に行きたくない」と言ったら、「無理には行かなくてもいいよ」と。

私の人生における選択権は、ずっと私に持たせてくれていたんです。そしてそのことに私はとても感謝しています。

だから、同じように息子にもしてあげたいんです。いつか私と同じように「学校に行きたくない」と言ったら、もしも夢があってそのために進学を諦めたいのなら、「全然いいよ」って答えますね。

芸能界に興味を持って本気でやりたいと言い出したら、もちろん応援します。「面白い職業だよ」とも言ってあげられる。将来について、何か助言する機会があるなら、「まずは英語をやってみたら?」と。あと中国語も。英語と中国語がペラペラになっていたら、どんな夢を持っていてもそれはすごく大きなアドバンテージになるし、日本だけで勝負するのではなく、海外を目指すこともできる。とにかく、興味を持ったらなんでもまずはやってみてほしいと思います。いろいろ挑戦してみてほしいです。

結果、合わないと思ったら諦めるのも自分だし、続けると決めるのも自分。

人生の節目節目にきちんと自分で決められる人間になってくれることが、私の一番の願いです。

SNOOPY
FOR

theme

008 / 育児・仕事

独立するまでの15年間、所属していた事務所には本当にお世話になりました。でも〝子育てしながら役者を〟と次のステップに進もうとした時、より自分の意思を貫いていける環境を整えておきたいと思ったんです。

子育てしながら女性が働く、というかたちに対しては様々な考え方があると思います。子どもはどんどん大きくなってしまうから、私には迷って立ち止まっている時間はありませんでした。今、自分にとって最良の居場所を確保しないと、子どもが悩みを抱えるような年頃になった時、うまく向きあってあげられないかもしれない。そんなの絶対に嫌だったので、「今でしょ!」と、このタイミングで独立することを決意。準備が整ったと同時に保育園も決まり、今の新たな仕事のやり方で無事スタートできました。

仕事をするにあたり最初の頃は、「何がなんでも全部私がやらなきゃ！」と肩に力が入っていた部分があり、ゆとりを失っていたように思います。

でも周りに手を差し伸べてくれている人たちがいたことに気がつけて、思い切ってえいっと委ねてみたら、すっと心が軽くなりました。甘える勇気がすごくポジティブなことに繋がっていったんです。

周りにいてくれる大切な人たちにさらに感謝でき、優しくもなれる。もちろん〝やれる時は自分で絶対にやる〟ポリシーに変わりませんが、どうしても無理な時は、ＳＯＳを出してもいいんだと思えるようになりました。自分から「助けて！」と言わなければ、相手にも伝わりませんから。

子育てに限らず、どんなことも一人で抱え込みすぎるのは良くないことで、自分の元気がない姿を見せてしまったら、それこそ心配をかけてしまいますよね。どんなことでも、〝こうじゃないといけない〟はひとつもないので、まずは相談してみる。この一歩を踏み出してみることはとても大事だな、とこの経験で強く思いました。

とはいえ、子育てしながら働く難しさはいつもどこかに感じています。だからって立ち止まらず、やれることはやっていきたいと強く思ってもいます。

同じように感じているお母さんたち、特にシングルマザーの方々は多くいらっしゃるんじゃないかと思い、少しだけ書いてみました。

ちょっとずつでもいいので、働くお母さんたちが心身ともに楽しく働ける世の中になってくれたら、と願わずにはいられません。

theme
009 / パパラッチ

表に出るこの仕事は、犠牲になることも本当に多いです。それでも自分の仕事を信じていて、本当に大好きな仕事ですから続けていられていますが、自由も少ないし。

どんなに辛くとも、グッと堪えて仕事をする。なんだか武士みたいだな……と時々思います(笑)。でも、ネットや週刊誌の嘘にいちいち刀は抜きません。斬ったら後悔するので。

この本では、普段気になっていることを少し書こうと思います。

正直、週刊誌とかに好き勝手書かれるのはもちろん好きじゃないです。もはや一人歩きしている私のイメージ「ヒステリックで、ストイックで気が強い」……まあ、気が弱くはないですけど、実際とはだいぶかけ離れている気がします。仕事の現場でヒステリックに怒るなんてこと、絶対にしません。

ＡＫＢ時代には、「食事の時は私が箸を取るまで、他のメンバーは箸を取れない」みたいな記事があると聞いたことがあって、なんだそれ！　と、笑ってしまいました。私は創作力を掻き立てる存在なの？　って不思議です。

嘘は本当にやめてほしいです。嘘ばかり。

妊娠報道についても、妊娠ってとてもプライベートなことなのに、どうして世間に発表しなければいけないんだろうとずっと思っていました。

私は授かり婚だったので、「妊娠しました」と最初に言うこともできたけれど、まだ安定期に入っていなかったから、絶対に言いたくありませんでした。だから世間にお知らせするのが遅かったんです。当時は「できちゃった婚を隠していた」と言われていたようですが、そういうことではないんです。

もちろん近い人、お世話になっている方には報告しました。スポンサーさんにもお話ししました。でもそんな簡単にオープンにできることじゃない。

世の中に「妊娠しました！」って報告しないといけないような風潮は変わってほしいと思っています。本当は生まれてからでいいと思うんですよね。「生まれましたよ」って。

子どもとの毎日の生活では、ヒヤヒヤさせられる記者の方々がたびたびいらっしゃいます。車でずっと付いてこられたり、保育園の前で待ち構えていらしたり。子どもに何かあったらどうしよう、といつも恐怖が襲ってきます。本当に危ないので、やめてください。お願いします。

インターネット上の真偽のわからない情報ではなく、自分の目でちゃんと見て、感じたものを信じられる世の中になってほしいなと考えていますし、心からそう願っています。

インターネットは、楽しいことや夢中になれること、未来のためにプラスになる行動や勉強、情報収集に使った方がとっても有意義で明るいことですよね。なによりも意味のある時間になります。

これからも「負の塊は気にしない」をモットーに、目の前にいる方々と信頼関係を築いていける人間になるため、しっかり自分と向き合って、どんどん前へ進んでいきます。

CHAPTER 2 (WORK)

女優として

仕事について話すことは正直、
得意ではありません。
そんな私が仕事で感じていること、
大切にしてきたことを書いてみました。
少しでも伝わったら嬉しいです。

theme
010
/
女優への道

ＡＫＢを卒業する直前、山下敦弘監督の映画『苦役列車』に出演したことは、私の中ではすごく大きな経験でした。打ち上げの時に「私、この世界にどっぷり浸かりたいです」と言ったのですが、たぶん、その場にいたみんなは、意味がさっぱりわからなかったでしょう。でも私はもうその時には心の中で卒業しようと決めていました。

羨ましかったんです、映画だけで生きている人たちが。こんなにも作品と向き合えて、こんなにも熱くて。ＡＫＢをやりながらでは、その熱量に絶対にかなわないなって。

CHAPTER 2 WORK

私の中に、次に目指すところが明確にできた瞬間、卒業に対する迷いも消えました。

卒業後は〝映画の人たち〟からウェルカムしてもらって、それからは、犬童一心監督、樋口真嗣監督を始め、映画のオジ様たちと一緒に単館系の映画館を回ったり、その後に焼肉を食べながら映画談義に花を咲かせたり、とにかく最高の時間をすごさせてもらいました。

20代前半は、こうしてＡＫＢ時代とは全く異なる刺激を外からたっぷり受けて、あっという間に時が経ちました。

ハードな状況での撮影だったりすることもあります。ウズベキスタンに行った時もみんな慣れない環境でお腹を壊して、それでも「やりますか！」って。

どんな状況下であれ、同じ大好きな趣味を持った人たちが集まって、ひとつのものを作り上げる。その過程が大好きなんです。スケジュールひとつ、少しズレただけで誰かが参加できなくなってしまう可能性をはらんでいるからこそ、ひとつひとつの作品との出合いには運命を感じているし、最初の本読みの時には「今回はこの人たちと繋がった！」って感謝の気持ちでいっぱいになるんです。

だから「仕事を選ぶ」というのも何だか上から目線な気がして、正直苦手です。

特に今は映画を撮るのが本当に大変な時代。何年も実現できずに、もう撮れないかもしれないっていうようなこともある中で、どうにか作品にしようとみんな頑張っている。そういう現場に参加させていただくわけですから、その縁を大切に、これからもいい作品を残していけたら、そう切に思うのです。

theme
011
/
縁で繋がっていく

ソロシングル「セブンスコード」のミュージックビデオの撮影でロシアに行ったことがあります。

監督は黒沢清監督。秋元康先生が「前田を好きに撮ってください」とオファーしてくれたんです。黒沢監督との出会いはそれより少し前、大作映画のヒロインで声をかけてくださったんですが、残念ながらその作品は実現ならず、なのでまた会える機会を作ってくださった秋元先生には本当に感謝ですし、とても嬉しかったことを覚えています。

撮影は一生忘れられないことばかり。白夜なので暗くなり始めるのが夜中24時以降で、ナイトシーンスタートが27時以降。黒沢監督が目の前にいて、それだけでもすごく緊張しますし、期待に応えたいのに、実力が追いついていない自分がいて、もう悔しくて悔しくて。ホテルで毎日泣いて過ごしていました。

秋元先生に「帰りたいです」「期待に応えられないから、もう無理かもしれないです」と泣きながらメールを送ったら、「うん、頑張れ!!」との返事をいただいたり(笑)。

全力で踏ん張って、それが黒沢監督との本格的な出会いのスタートでした。

数年後、映画『旅のおわり世界のはじまり』に呼んでくださり、海外の映画祭に連れて行っていただきました。

黒沢監督ご夫妻が私は大好きです。一番の理想の夫婦です。ロシア、ウズベキスタン、スイス……ご夫婦とたくさんご一緒できて、そのたびに黒沢家に入れた気がして(笑)。

縁とはとても不思議なもの。どこに出会いが転がっているかはわからないけど、作品から派生していく出会いが、私は楽しみでしょうがないですし、実際に「はぁ、大好きだ」と思える方々とのご縁がたくさんあります。

ひとつひとつに全力でぶつかることにより化学反応が起きて、新たな次へと繋がっていく。媚びは売らないけど、いい思い出は毎回作っていきたい。堅実に向き合っていけば永遠に繋がっていく、と信じて17年経ちました。改めて、すべての縁が今の私を作ってくれているんだと痛感しています。

そしてこの先の出会いに、いつも胸をときめかせています。

theme

012

監督ファーストです

誰かが私をどうにかしてくれようと思って、ワクワクしているのを見るのがすごく好きで、その期待に応えるのが大好きなんです。監督が撮りたいものをみんなでかたちにしていくのが私たちの仕事で、監督を信じるところから始まると思っています。

だから私は、絶対に監督さんに意見を言いません。難しいと感じても「できるかどうかわからないけど、やってみます！」と。意見がないわけではないし、聞かれたら言えるように頑張りますけど、監督の意見に対して「なんでだろう？」と考えることはしません。

私は監督ファーストです。

その代わり、「教えて！」とは、思います。「なんでもＯＫ」じゃなくて、「こうしてほしい」と明確に意図を伝えてほしい。そうしたらその要望に応えるために最大限頑張ります。現場での私は受け身なんです。もしかしたら監督さんによっては、私が何を考えているのかわからないかもしれない。なので時には「言ってください」と自分からお願いすることもあります。

時間もお金もできるだけ効率的に撮ることが美学、みたいになってしまうと悲しいです。映像だけではありません。雑誌の撮影でも何でも、一瞬で終わると不安になってしまう。確かに長く時間をかければいいというわけではないけれど、「早く終わればみんなハッピーでしょ！」みたいな空気が、私は苦手です。納得できないまま「ＯＫ！」を出されてしまって、それがそのまま多くの人に観られてしまうのは嫌です。

物を作るって、時間を忘れてどれだけ没頭できるかが一番大事だと思っているんです。私は時間に対しては器用ではないから、集中したら、まっすぐそれだけに向き合いたい。だから、一緒に同じように向かってくれる人たちがいる現場は、すごく心地いいんです。

なんだか熱く語ってしまいましたが、私はただ、みんなで熱く、いいものを作りたい。それだけです。

theme
013
/
誇り

アイドルっていうのはずっと後に残っていく存在なんだと思います。ピンク・レディーさんなんて、いまだに私が見ても可愛いと思うし、山口百恵さん、神！って思いますもん。いろんなものを背負っていただろうに、それを一切出さずに身を引くというすごさも含めて、それこそ伝説だよな、って。たぶんこれから生まれてくる子たちも、将来、映像などを見て、そう思うんでしょう。

先輩方と比べるのは大変おこがましいのですが、私も、少しはそういう存在になれたのかなと思えたのは、AKBを卒業した時です。皆さんに崇めてもらって、あれ？って。

それまでは、他のメンバーそれぞれのファンの「いつ、あいつを落としてやろうか」みたいな、敵意に近い感情を感じていたので。各メンバーが戦国武将で、それぞれの城を築いていて、「今に見ておれ！」みたいな。でも卒業するとなったら、「前田敦子は伝説だ」と何だかすごいふうに言っていただけて、AKBにいる時に言ってくれたらもう少しいたよ、なんて（笑）。

でも、消えゆくから、儚く、美しく見えるんでしょうね。

今、自分の中にアイドルの部分が残っているかと言われたら、多分もうないと思います。ただ、代々続いているものがあるというのは、やっぱり誇りに思います。でもそれは、「私はここにいたんだぞ、どうだ！」みたいな気持ちではなく、新しい子たちが今のAKBを作っているんだな、乃木坂ちゃんとか櫻坂ちゃんとかいっぱい出てきてすごいな、という尊敬の念。

14歳の頃から応援してくれて、今だに舞台やイベントに足繁く通ってくれるファンの方々がいます。会えば「やっほー」「久しぶりー」って気取らず構えずに話せる、とてもありがたい存在。私はアイドル時代の恩恵をまだまだ受けているようです。

ただ、舞台の最後にAKB時代に作ったタオルやウサギのマスコットを客席で振ってくれるのはちょっと恥ずかしい（笑）。気持ちは十二分に伝わっているので、もうタオルは振ってくれなくても大丈夫ですよ♡

theme
014
/
NODA・MAP『フェイクスピア』との出合い

『フェイクスピア』の舞台に出られたことは、「最高！」の一言に尽きます。こんなに幸せな場所はどこにもないです。だから、どんなにハードでも、大変な状況でも「行きたくない」と思ったことは一度もありませんでした。とにかく楽しい毎日でした。

舞台なのでコロナ禍の影響はもちろん受けます。演者は基本的にマネージャー同伴なしで、一人で楽屋入り。でもだからこそ、いつも以上に共演者との距離が近く、家族のように仲良くなれたような気がします。

本番が始まると、高橋一生さんのひと声でみんなが一丸となり、さらに各々のパワーが重なり合って、ものすごい熱量になる。スイッチをしっかり入れないと負けちゃうんです。ぼーっとしていられない。進んでいくしかないんです。毎日自分を奮い立たせていました。

そして上演中は、今のこの世の中が全く関係ない世界。会場は毎回満員で、すごい場所に来ちゃったなっていうのが正直なところ。これだけ多い公演回数ってなかなかないのではないでしょうか。毎日同じ舞台に立ち続けるのは、まさに修行のようでした。

下手すれば1シーンを16時間ぐらい撮ることもある映画に対して、舞台は1日2時間。でも、目の前にはお客さんがいて、セリフはまるで早口言葉のよう。だから1回でも噛んだら止まってしまう。実際にセリフがぼーんって飛んじゃったこともありましたし。どうしよう、大丈夫かな、毎日ずっとその繰り返し。こんなに緊張しっぱなしだったのは本当に初めての経験でした。

そして、毎回のスタンディングオベーション。大阪に至っては、カーテンコールは常に5回。このコロナ禍でも公演がストップしなかった奇跡。

離婚して、独立して、30歳になって、怒涛の中で参加したこの舞台。一番年下だったこともあり、皆さんには本当に可愛がっていただきました。スペシャルで面白くて、またやりたい！ けれどそう簡単にできるものではない、からこその貴重な体験。

これは神様からの30歳のバースデープレゼントだったのかもしれません。

theme
015
/
個人事務所の作り方

個人事務所を立ち上げる時、それはもうたくさんの人が協力を申し出てくださり、嬉しかったんですが……。

私の話し方がしっかりしていないから、小娘感が抜けてないように見えるのでしょうか。大人は怖いなと思うようなことも経験しました。

そんな中、ずっと変わらずに、一番親身になってくれた方がいました。

今でも全面的にバックアップしてくれて、私がオーバーワーク気味になっていると、スラスラスラ〜と進めておいてくれる。しかも息子ともめちゃくちゃ仲良しになってくれて、抱っこしたまま仕事の電話をしたり、お昼寝までも！　実生活ではお父さんでもある方なのですが、その父としての強さを、恩恵を、たっぷりいただいてしまって。

そんなとても信頼できる、超優秀なエージェントさんに出会えたので、晴れてとてもいいスタートを切ることができました。

やらなければいけないことはまだまだたくさん残っていて、正直、事務所として落ち着くまでにはもう少しかかると思います。でも、仕事を受けるところから始まって、請求書の処理にまで携わるのは、本当に勉強になります。順々に仕事を終わらせていって「ああ、ひとつの仕事が終わったな」と感じた時の達成感は、とても気持ちの良いものです。

写真や原稿のチェックももちろん自分でします。自分の顔ばっかり見ているとわけがわからなくなってくるけど、それでもきちんと見ておきたいんです。表に出る自分の写真や発言、文章には責任がありますから。ずるずる溜め込まないように、できるだけ3日で戻せるように。「やばい！　2日経った！」なんてやってますが（笑）。

最終的に目指したいのはさかなクンのようなあり方です。

自分の好きなことに熱中して、好きなことを追求した結果、誰かを蹴落とすことなく、その世界でトップになっている。本当に素晴らしい方だと思います。いつも楽しそうで、でもそれは実際に本人が楽しんでいるからですよね。私もそうなりたいんです。作品に携わっている自分が一番好きだから、それをずっと続けていきたいんです。

私は、パブリックイメージを作るとか、セルフプロデュースなんて全然できないので、だからまずは、できるだけハッピーな環境を作る。そのための事務所なんです。

とはいえ、芸能事務所だから、「自分以外にも誰かを所属させるの?」と、聞かれることもあります。

今はまだまだ何も考えていません。

ですが、人生は何が起こってもおかしくないものだと思っているので、

夢は無限に広がります。

SPECIAL PHOTO STORY

東京寫眞

グレーの空、真っ赤なドレス、雑踏と静寂。
どこにでもある東京の風景にすっと溶け込む
彼女の目線の先にあるものは。

Photographs by Meisa Fujishiro

69

Set up/ELENDEEK

Dress/CORCOVADO
Shoes/DOUBLE STANDARD CLOTHING
Ring/AHKAH

Tops/DOUBLE STANDARD CLOTHING(FILM)
Ear Cuff/KNOWHOW jewelry

Tops/SNIDEL
Pants/Sov.

Necklace/KNOWHOW jewelry

POLICE
山下敦弘監督 二十回記念作品
ハード・コア
狩撫麻礼
×
いましろたかし
監督・山下敦弘
脚本・向井康介
11月23日 よりロードショー
PARTY
NEW MAXI SING
LIMITED EDITION
2001.9.21
RELEASE

CHAPTER 3

(LOVED ONES)

大切な人たち

私が今、こうしていられるのは

周りで支えてくれる

大切な人たちのおかげです。

親友の話から交友関係、恋バナまで。

大好きな貴方へ、感謝の気持ちを込めて。

theme
016
/
秋元康先生のこと

「人生の選択は自分でしなさい。相談にも乗るし、アドバイスはするよ。でも、決断は自分でしなさい」。14歳の時からずーっと秋元先生に言われてきた言葉です。

ＡＫＢでセンターをやるかどうかの選択も、一応は委ねていただいていました。「まず曲を聴いてください。これを前田のセンターでいこうと思うんですが、どうですか？　やりますか？」って。まあ結局は説得してくださったんですが（笑）。

そしてそれから数年経って卒業を意識し始めた頃に「う〜ん、もうそろそろ……」と、卒業を匂わせた時、「この曲はやってほしい」と言っていただき、「やらせてください。でもやっぱり卒業はしたいです」と。最終的には、「これは私がいかないと下の子のチャンスがなくなってしまう！」という思いもあって決意しました。

卒業を発表する日の本番前、秋元先生から長いメールをいただいたんです。「卒業発表をするかどうかの判断は自分で決めていい」と。そして発表をした場合としなかった場合、それぞれの未来に待っているであろう〝いいこと〟と〝悪いこと〟を、ずらーっとリストにして送ってくれたんです。

今でも秋元先生は「あの時はまだいてくれると思ったのに」と笑っていますが、あれほど大きな決断を自分でさせてもらえたこと、それは揺るぎない自信として、今も私の中に根付いています。

そしてこんなに大きな決断をさせてくれたことを、私は一生忘れません。

秋元先生ってほんと、人を育てる天才だと思います。だって10代の小娘の集団ですよ？その子たちの自己肯定感を高めて、「人生は自分で切り開いていくものなんだ」って意識をきちんと植え付けている。

だからみんな、やりたいことが明確にあって、人生迷っている人なんていないんです。

今だったら考えられないけど、AKB時代の休みは3ヶ月に一度。それでも、休みの日に寝てすごすこともなく、みんなで渋谷や表参道に買い物に繰り出していました。止まったら死んでしまう回遊魚のごとく、疲れ知らずで。朝から晩までずーっと一緒にいて、同じ釜の飯を食べて。

「実は仲が悪かったのでは？」なんてよく聞かれますが、喧嘩できるって、仲良しだからなんです。なんでも思ったことを言い合えるってことだし、その関係は今でも変わらない。ＡＫＢのメンバーは友達というよりも家族。そしてこの関係性を築けたのは、間違いなく秋元先生のおかげです。「自分で決めなさい」と育てられて、それぞれが人生を好きに生きているから応援し合えるんです。


30歳を機に独立する時も、実は秋元先生に相談をしていて、「一人で頑張ってみれば」と背中を押してくれたので、前へ一歩進むことができました。今でも週に一度はＬＩＮＥでやりとりをしています。

私の人生の大きな決断の時には、いつも秋元先生がそばにいます。秋元先生の言葉で間違ったことは一度もないんです。

全力で頼ったら、全力で返してくれる方。

誰でもそうだと思いますが、自分を導いてくれる存在は人生に不可欠で、
私にとってそれは秋元康先生なんです。

theme
017
/
同士、一期生

ＡＫＢのメンバーは、今でも会えばすぐに、会わなかった時間が埋まってしまう存在です。中でも、私がメンバーで居続けたすべての時間を共有してくれた一期生の、高みな（高橋みなみ）、友（板野友美）、麻里子（篠田麻里子）、みいちゃん（峯岸みなみ）、にゃん（小嶋陽菜）はもう一生の友人です。みんな面白いし、自分の足でちゃんと立っているからかっこいいし、何より優しいんです。こんなに心から幸せでいてほしいと思える、何かあれば駆けつけ合える存在は宝物でしかありません。もうね、めちゃくちゃ大好きです（笑）。こういうのを愛おしいって言うのかな。メンバーに対してだけの独特な感情なんです。もちろん昔から、私はこのメンバーに隠しごとはひとつもなし。

今でもこの５人とは交流があり、会うたびに、みんなものすごく息子を可愛がってくれます。こんな可愛くて素敵女子たちに囲まれて、毎回「可愛い可愛い」ってちやほやされて、息子の、女の子に対するハードルは確実に上がっちゃうでしょうね（笑）。

昔と唯一変わったことといえば、みんなアラサーになり、最近は美容の話題で持ちきりなところ（笑）。まだまだ女性として輝いていくこのメンバーに会うたびに、自分もそうありたいと思えるんです。

10代で出会えて、一緒に歳を重ねていけて本当に幸せだよ。

10年後、20年後、30年後。

絶対変わらない絆で、この先が楽しみな最高の仲間たちなんです。

theme
018
/
追悼
オオスミタケシさん

親友の一人に、「ミスター・ジェントルマン」のデザイナーだったオオスミタケシさんがいました。

ほとんど毎日のように一緒にいて、カラオケに行って、なによりも私を「可愛い、大好き」っていつも言ってくれて。妹のように大切にしてもらったのを昨日のことのように覚えています。

結婚してちょっと離れちゃった時期もあったんだけど、また連絡を取り始めた矢先に入院してしまって。

一回病院へお見舞いに行ったんですが、オオスミさんは「大丈夫だから」とずっと笑っていて。私はその言葉を信じていたんですが、実は余命宣告されていたと後から聞きました。そしてある日突然、別れの日が来てしまいました。悲しすぎました。今もほんと悲しいです。

オオスミさんの死を知らされ、ボロボロに大号泣してそのまま寝てしまった夜に、すごく不思議な体験をしました。夢の中で、いつもみたいにオオスミさんと電話していたんです。向こうは自撮りしながら「可愛いの撮れた〜！」とか「最近何してんのさ〜？」とか、くだらない話をいっぱいしてて。でも私は途中で夢の中だということに、気づいちゃったんです。それで「あれ、なんで電話できてんの？」ってオオスミさんに聞いたら、「なんでだろうね〜」と笑ってて。「また会える？」って聞いたら、「それはどうかな〜」って。

とても切なくて、朝は号泣しながら起きました。

でもそんなとこもオオスミさんっぽいって思ったりもして。

すぐに共通の友人に話したら、「四十九日まで会いたい人のところに会いに行くんだよ」って教えてくれました。

オオスミさんが亡くなった時、みんなで故人の思い出を語ることはすごく大切で、それが供養になることを知りました。

だから本当は私はＳＮＳに書くことには抵抗があったけど、オオスミさんが私を撮ってくれた最後の写真、大島優子と一緒に写った写真をＩｎｓｔａｇｒａｍに載せました。ミスター・ジェントルマンの展示会で偶然会えた日の１枚で、「ちょーいい写真撮れたからね！」ってオオスミさんが送ってくれたものです。

大好きな人が突然死んでしまうって、こういうことかと初めて知りました。

そしてだからこそ、きちんと生きなければと。自分の人生だってどこで終わってしまうのかわからないからこそ、後悔しないように。思いっきり楽しまなくっちゃ！　って。

オオスミさん、会いたいよ。
最後のメールもＬＩＮＥも消せないまま、
私はあなたのおかげで今日もきちんと生きています。

theme
019
/
下北沢の夜

私がこの世界に入ってから一番長い付き合いの親友、柳英里紗が私に下北沢を教えてくれました。

そしてその下北沢には、私にとってシェルターのような行きつけのバーがあります。監督さん御一行が当たり前にいて、著名な女優さんたちが癒しを求めて一人で飲みに来るような場所。女優さん同士が「ヤッホー、おつかれー」って気軽に言い合える、そんな稀有なバー。

頼むのは毎回クエン酸サワー。店内にかかっているアイドルの懐メロを聴きながら、そこにいたメンバーとくだらない話をしてひと通り盛り上がると、「カラオケ行ってくるわ、バイバイ！」と店から流れて、そのカラオケ屋さんに後からマスターがなぜか来たり

（笑）。最後にバーへまた戻る、なんて夜を何度経験したでしょうか。

そういえば手痛い失恋をした時にも、そのバーに行きました。一人でぼーっと過ごし、閉店時間を過ぎても「帰りたくない〜」と駄々をこねて、とうとう朝の6時すぎ。「しょうがねえなあ、家まで送ってやるわ」とメットを渡されて。かなりかっこいいシチュエーションと思いきや、乗り物はバイクじゃなくてスクーター、そしてマスターはおっちゃん（笑）。それが私の初めてのバイク二人乗りでした。

マスターは、その時撮った写真を見せびらかしながら、面白おかしくみんなに話してます。「これは前田敦子を後ろに乗せた時の写真だ」って。

そういう健全な遊びをたくさんしていました。

子どもが生まれてからはさすがに通えなくなってしまったのですが、今でもたまに連絡をくれて、ダメな私の話をすると、「それはお前が悪い」と冷たく突き放されたりして、でもそうはっきり言ってくれるマスターの言葉はありがたいんです。

媚もお世辞も一切なし。でもあったかくてすごく優しい。

そんな場所が今も変わらずあることを嬉しく思っています。

theme

020 / ブス会

もう10年以上の付き合いになる、高畑充希、柄本時生、池松壮亮と私の４人で構成された「ブス会」。

定期的に会ってたわいもない話をするだけの仲良しグループなのですが、このメンバーは、何も考えずに会える唯一の同業者たち。人生を共有する、みたいな重いしがらみは一切なくて、下手に寄り添わないところがいいんです。だから、たとえ同じ現場になっても気恥ずかしい、みたいなこともないし、この世界の友達としてリスペクトもしています。同志ってこういう関係をいうんだろうな、って。

でも問題がひとつ。寄り添わなすぎて、４人で会っていてもあんまり話すことがないんです（笑）。

だから2時間ぐらいですぐにお開きになっちゃうこともありますが、そんなところがいいんです。

大切すぎる3人です。

theme
021
/
親友、しのぶ

大切な人の一人に茅野しのぶがいます。オープニングからＡＫＢの衣装デザインをしてくれていた、私の人生に欠かせない人です。

そして、当時のＡＫＢメンバーはもちろん、現役メンバーにとってもきっと一番本音でしゃべれる唯一のスタッフだと思います。メンバーを誰よりも理解し、輝かせてくれるしのぶはいつだって、みんなの人気者。

年上だけど、なんでも話せるこの優しい友人は、大きな節目には必ずキーとなる言葉をかけてくれて、迷っている時はぽんっと軌道修正してくれるんです。

事務所から独立する半年ほど前、「私なんてこんなもんだよ」って落ち込んでいた時期がありました。その時、「今のあっちゃんは嫌い。そんなのあっちゃんらしくないよ。私はもっとかっこいいあっちゃんをいっぱい見てきた。だから目指しているものを諦めている姿は見たくない」って言われてハッと目が覚めたんです。

公演のために単身で大阪に滞在していた時も、「普段ゆっくり話せないから、その時間を私に少しちょうだい」って駆けつけてくれる。「あっちゃんは余裕が本当になくなると人とコンタクトを取らなくなるから、わかりやすい。だから、会ってくれている時は安心するよ」って。

でもね、その言葉はそっくりお返ししたいです（笑）。

ぶーこそ、昔からみんなの心配ばかりして、自分がどんなに辛くても話さないで溜め込んできた人。

そんなぶーが、最近は私に弱音を吐いてくれるようになったのが本当に嬉しいです！心配ばかりかけてきたけど、私も少しは大人になれたのかしら？　って（笑）。

私のすべて知ってくれていて、私を客観的に説明できる唯一の人。

褒め上手で励まし上手。大変だった時はとことん一緒にいてくれた。

ありがとう、ぶーちゃん。そして、これからもよろしくね。

theme
022
/
人との付き合い方

人間関係において、基本的に、なあなあな付き合い方は必要ないと思っています。だから友達は少ないですし、電話番号の登録数もびっくりされるほど少ないです。

だからといって心を閉じているわけではなく、初めましての人と話すのも大好き。そこで「いいなあ、素敵だな」と思ったら、もっと知りたくて依存してしまいたくなる自分もいたりします。結構寂しがり屋だったりもします。

でも、だからと言って頻繁に会いたいかというと、そうはならないんですよね。人の感情に敏感なところもあって、「この人、今こう思ってるんだろうな」と察知してしまうんです。「あ、怒ってるな」とか。と同時に善意にも敏感で、「この人はすごい！」という部分を見つけるのも得意です。つまりは、気にしいなんだと思います。正直言って、ちょっと生きづらいタイプかも。なので、友達を作りすぎると多分疲れちゃうんです。

あと、「あーあの子ってこうだよね」、と勝手に名前が一人歩きしていく現象がとても苦手です。基本的に噂話をする人、嘘をつく人が同性でも異性でも苦手なんです。だから大人数で集まる会は滅多に行かないかな。

一対一で向き合って、いい距離感で付き合いたいのです。

お友達は、違う仕事をしている年上の方が多いです。30代後半から40代。たまにしか会えないけど、大好きだし、憧れるような人ばかり。

人は一人ではもちろん生きられないけれど、自分と向き合う時間を大事にしながら、好きな人たちを想い、たまに時間を共有して、一度きりの人生、地に足をつけてしっかり生きていきたいんです。

theme
023
/
21歳、恋愛始めました

17歳の頃、ほんの少しだけ、初めて恋愛っぽいものを経験しました。

何もわからなすぎて、心が乱れることにびっくりして、まだ私には恋愛は無理だなと痛感。それ以来、私の中で恋は封印し、青春はすべてＡＫＢに捧げると決めました。そして気がついたら、あっという間に21歳になっていました。

ＡＫＢを卒業して初めて、何もわからない状態で世に出た21歳から、私の恋愛が本格的にスタート。そこから何度も恋はしてきました。

それこそ「好きになるとは？」から始まり、「付き合うってなんだ？」って、ピュアッピュア（笑）。映画にドライブの定番デートがどれだけ楽しかったか！　当時、お付き合いしていることが世に出た時も、「隠すようなことはしていないし、今まで経験できなかった、足りなかった部分を取り戻さなくちゃ」とさえ思っていました。

恋をしていく中で、女の子の扱いが上手な人に心惹かれて、悲しい思いをしたこともあります。私は好きな人しか目に入らないのに、そういう人たちはモテたい願望がすごい。そしていくつになっても変わらない。永遠に器用でマメで、隣にいる女の子が目まぐるしく変わっていくだけ。

人を好きになることは自然な感情ですし、結局好きになった自分がいけなかったんだって、ある意味とてもいい経験をさせてもらいました。そして私もわりとすぐ、そういう男性から卒業できました。「ありがとうございましたー！」って、ね。

今までお付き合いした人は4人。中には2年半お付き合いした人、一年未満でお別れした人も。そして4人目の人と結婚しました。

恋愛は、人生の大きな部分を占めていると思うんです。最高に幸せな瞬間もあれば、これ以上辛いことはないんじゃないかと思うこともある。恋愛でしか経験できない感情は本当にたくさんありますよね。そしてその経験は、女性としても人間としても、強く成長させてくれる。

特殊な世界で、普通の女の子から離れた人生を送っていた私に、普通のあれこれを教えてくれたのは恋愛だったなって思います。

theme
024
/
男性諸君、嘘をつかないでください

ＡＫＢ時代から、「裏切ってはいけない」って強く思っていたせいか、私はどうしても嘘をつく人が苦手。でも、恋愛していると、不思議なことに嘘が出てくるんですよ。「なんでそれを隠すんだろう？」っていうような、しょうもない嘘も含めて。言ってくれればいいのに、男の人はどうして、みんなでご飯を食べに行った場に女の子がいたことを隠すんでしょう。「男しかいなかったよ」って言っても、すぐにバレますから。動物並みの女の勘をなめたら危険です（笑）。

でも最大の問題は、嘘を見抜いた後の正解がわからないこと。追い詰めてしまうと男の人は逃げ腰になるし、言わなければモヤモヤする。

だから男の人にこの場を借りて言わせてください。「何かあっても、きちんと向き合ってほしい」と。言葉と言葉でやり取りしたら、越えられる壁だと思うんですよ。そもそも嘘をつかなければいいだけの話なんですけれど。

theme
025
/
これからのこと

お互いの人生を求め合うような恋愛はしたくありません。子どもという一番の存在がいます。なので、お互いに寄りかかるような恋愛ではなく、きちんと独立した人間として、支え合える恋愛が理想です。

そして、相手を尊敬できるかどうかがなによりも大事。私の人生の軸が仕事になっているからか、人として尊敬できるのは当たり前として、仕事の姿勢も尊敬できる人でなければダメだなと。メリハリがあって、ガッと集中できる人。それは私が、暇な時と忙しい時の差が比較的大きな仕事をしているから、その集中しなければいけない時間というものをわかってくれる人がいい、という意味でもあります。

今は、恋愛したい、また結婚したいなんて全く思っていません。焦ってもいないし、いい人を探しているわけでもない。でも、「一生一人でいる！」と断言する必要もない。まずは自分自身を大切にできる感覚をつかみ、先のことはこの10年ぐらいの間に、ゆっくり考えられたらいいなと思っています。そしていつか、大人の恋愛というよりも、お互いの生活をうまく支え合えるようなパートナーに巡り会えたら、とは思っています。

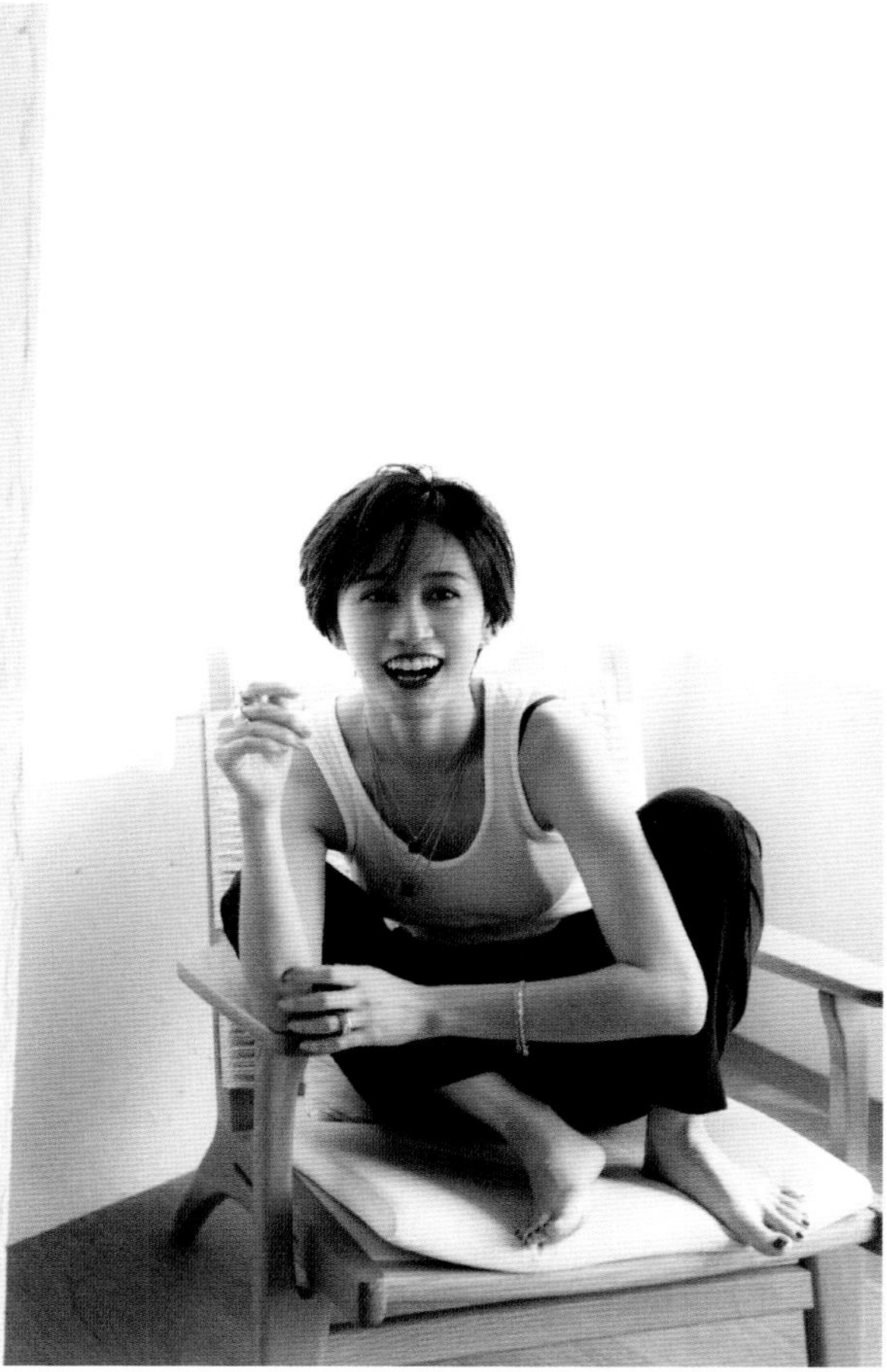

CHAPTER 4 (THOUGHTS)

私自身のお話

なんてことはない、日々の
あれやこれやを徒然なるままに
書いてみました。
嘘偽りのない30歳の私は、まだまだ大人への
階段の途中にいるのかもしれません。

theme
026
/
ルールがないのが、唯一のルール

何を隠そう、私はコーヒーが大好き。ホッと一息つく時にコーヒーは欠かせません。好きな銘柄は……スタバもブルーボトルのスペシャリティコーヒーも、コンビニのコーヒーでも、なんでも好き。一時期こだわってみようと、豆を挽くミルを買ったことがあるのですが、一度も使わないうちに行方不明になってしまいました。

お気づきでしょうか。そう私、雑なんです。面倒くさがりで、こだわりもなし。今流行りの〝丁寧な暮らし〟とやらができないんです。こうでなきゃダメというルールもありません。ルールがないのが、唯一のルール。

計画性がないとも言えるけど、良く言えば臨機応変です！　独身時代は、突然「これやりたい！」と思ったら、即行動に移していました。友達と「あ〜、温泉行きたいね〜」ってなったら「行っちゃおう！」とすぐに出かけてしまう。面白いと感じたことには、すぐに乗っかりたい。ルールもこだわりもない分、フットワークは軽いんです。

今は子どもがいるので、もちろん制限があります。が、「何時には帰るけど、それでもよければ」のスタンスで臨機応変に対応したいと思っています。

プライベート以上に、仕事で面白いことに誘われるのに幸せを感じます。「これ、面白くない？」って声をかけていただいたら、だいたい受けます。そして、やると決めたら、きちんと向き合います。私、雑だけどテキトーではないんです。いえ、テキトーな時もあるけど、それは仕事以外！　仕事にはきちんと向き合いますし、向き合っているその時間が大好きなんです。


ちなみに、受けるのは大得意な私ですが、断るのは大の苦手。

もしもヌードのオファーが来たら……どうやって断るか悩みすぎて、音信不通になってしまうかもしれません（笑）。

theme
027
/
好きな食べ物は、お刺身

好きな食べ物はお刺身です。それはもう小さな頃からずっとで、高みなの家に遊びに行く時も、みんなには何が食べたいかちゃんと聞くのに、私には「敦子はお刺身買っておけばいいよね〜」って。一番好きなのは秋刀魚。鯵も好き。それから白身魚の昆布締めも大好物。あ、でも貝も好きで、今はミル貝の季節だから、毎日食べているかも。旬のものに目がないんです。「ああ、夏が終わっちゃう」とか言いながら食べるのがいいんです。

ある程度は自分でも魚を捌けるんですが、どうしても臭いが気になってしまうので、お刺身はお魚屋さんで捌いてもらったものをいただきます。よく行くのはsakana baccaというおしゃれな魚屋さん。値段も手頃だし、珍しい魚も並んでいるから本当に楽しい。朝イチに張り切って出かけます。

魚以外でよく食べるのはフルーツです。毎朝、旬のフルーツを食べるのが日課で、春は息子と二人でひたすらイチゴ。夏はプラムや桃、さくらんぼ。秋は柿、ラ・フランス、梨。冬はみかんにリンゴ。季節をもっとも感じるのはこのフルーツかもしれません。

お昼ご飯はお蕎麦が多いかも。息子が1歳半の時に、コンビニで買ってきたお蕎麦を食べちゃったことがあるんです。まだあげるつもりもなかったし、アレルギーだったらどうしようって真っ青になったんだけど、息子はケロリとしていて。今ではざる蕎麦二枚をぺろりと完食するので、お蕎麦屋さんへは親子でよく行きます。ある日、お蕎麦屋さんでお昼を食べて「さあ、帰ろう」と外へ出たら、息子は「やだ！」と一言、一人で走ってお蕎麦屋さんに戻ってしまいました（笑）。息子はそれぐらいお蕎麦が好きらしいです。

お蕎麦愛はこれほどなのに、逆にラーメン屋さんへは年に1回くらいしか行かないです。美味しいのはわかっているけれど、なぜか食べたいとはあんまり思わないんですよね。

お粥もお昼によく食べます。夜に白米を食べない分、昼にお粥で炭水化物もきちんと摂るようにしているんです。炭水化物を摂るなら、お粥が一番だと聞きました。消化が良くて水分も摂れるから、げっそりしないらしいんです。

キムチも大好き。これは成城石井で売っているのが最高で、思わずＴｗｉｔｔｅｒに書き込んでしまったほど。ぬか漬けは親子で愛しているので、二人でポリポリ食べてることが多いですね。要は発酵食品が好きなんです。

あとは大豆。納豆に豆腐、豆乳。これらも私たち親子には欠かせません。

甘いものを食べるのは大事な仕事の日、と決めていて、現場にずらりと並んだお菓子を「解禁〜!」と、いただいています。とはいえすぐにかぶりつくのはみっともないので、自制しながら(笑)。あとは週に1回、好きなものを食べていい日を作っています。

お酒は、もともと強くないので、たまに飲む程度。外で頼むのは、顔がむくまないレモンサワー。それから「すず音」という発泡清酒が好きです。すごく飲みやすいし、発酵してるし。近所に売っているので、友達が来る時、買いに走ります。

ヘルシーな食生活と言われたら、そうかもしれません。もちろん多少は気を使っているけれど、元々の好みが相当渋めなんです。

theme

028

/

私を釣りに連れてって

皆さんご存知かもしれませんが、何を隠そう私は釣りが大好き。

初めて体験したのは、ＮＨＫの釣り番組『にっぽん釣りの旅』の撮影で、プロの方に教えてもらいながらカワハギを釣りました。初めてなのに5尾も釣れて、肝醤油でお刺身を食べました。あのお刺身は、本当に美味しかった……。

魚のアタリがたまらなく好きなんで

す。なんでしょうね、あの快感は。「あ！今、あたった！」ってググググッて竿が引き込まれていく、釣りにしかない感覚。あれがほしくて、永遠に待ち続けられます。

息子が大きくなったら一緒に行きたいですね。そしたらもっと楽しいはず。

こうして釣り好きを公言しておけば、誰かが連れて行ってくれるのでは、と期待している私がいます（笑）。釣りのお仕事、いつでも受け付けておりますので。〝食べる〟お仕事も大歓迎です！

ちなみに、船舶免許取りました！

theme

029

/

料理はします！

料理、割とする方だと思います。料理上手な母のおかげです。作るのはほぼ和食で、母から教わった筑前煮が得意料理、なのかな。息子のお気に入りはトマトたっぷりのラタトゥイユ。酢の物もよく作ります。仕事の都合で晩御飯を用意する時間が確保できない時期もあるので、基本作り置きできるものが多いです。

料理そのものというよりも、誰かのために作るのが大好きみたいで、「お、食べてくれるんですか？　じゃあ作りますよ！」という感じ。

友達が遊びに来る時もやっぱり和食が多いです。煮魚を作って、一汁三菜を意識して。おもてなしはシンプルがいいと常々思っているので、量は控えめでシンプルに、見た目も楽しんでもらえるようなもの。そんな献立をいつも考えていますね。

でも、みんなで一緒に野菜を切ったり、キッチンで準備する時間も好き。独身時代は、「みんなでお花見しよう！」と誰かの家に泊まり込んで、2日間、いろんな料理を作ったりしたことも。朝からがっつりタイ料理を作ったりして。当時は料理本を見ながら、見よう見まねで作るのが本当に楽しくて。

今でも美味しい調味料の混ぜ方は、クックパッドで調べたりしています。一番評価が高いレシピとか、つくれぽが一万超えているレシピはすぐにでも作ってみたくなる。

だからといって、毎度のことながら、食にすごいこだわりを持っているわけではないんです。息子も毎回きちんと食べてくれるわけではなく、「チキンラーメンが食べたい」とか言い出すこともあるし、そうしたら一緒にチキンラーメンを食べます。

私自身、不味いと思う食べ物がこの世に全くないんです。海外の「お腹壊すよ」と言われるような屋台にも平気で行っちゃいますが、お腹を壊したことはありません。どこに行ってもたくさん食べるので、どこでも生きていけます。

要は〝楽しい〟ことが大事。楽しければなんでもいいんです。

theme 030 /

メイクよりもスキンケア

前述しましたが、私、雑だけどテキトーではないんです。それはスキンケアも同じで、「あのブランドの、あれじゃなきゃダメ」というこだわりはほとんどないけれど、スキンケア自体は徹底的にやります。一応、私も人前に出る仕事をしていますから、せめて顔だけはちゃんとしたいって思うんです。

洗顔は、朝は水だけ、夜は泡洗顔を軽く。そして洗顔後はとにかく化粧水をめっちゃつけます！　皮膚科で処方してもらっているビタミン入りのものをつけて、美容液をつけて、また化粧水をつけて、パックして、それからアイクリーム塗って、クリームを塗って終了。これが日課です。美顔器のセルキュアも毎日愛用しているし、お風呂上がりはパックしながら、リフトアップのためのバリブラシをやります。もう徹底しています、頑張ってます(笑)。

美顔器は撮影の日の救世主で、そんな私は美顔器マニアかもしれません。

でも、何回買ったか思い出せないほど愛用しているパックはドラッグストアで売っている、一枚ずつティッシュのように取り出せるもの。大量に入っているから気楽に使えるし、イチゴの匂い付きで癒されるし。メイク落としは無印良品。余計なものが入っていなくて、油分がとても少ないからと皮膚科の先生に勧められたので。

ブランド自体にはほんとこだわりがなく、友達に教えてもらったものをそのまま使うパターンがほとんどです。

そんな私も先日30歳を迎え、最近感じるのがお肌の曲がり角。シミ出てきたなぁとか、それがリアル。だから日々のスキンケアのほかに、クリニックでハイフレーザーも定期的にやっています。

いくつになっても肌はキレイでいたい。メイクで飾り立てるよりも、肌そのものを美しく保っていたい。そのために今日も私は頑張るのです。

theme
031
/
メイクは「外に、外に！」

プライベートでは基本すっぴんで、日焼け止めのみ。人に会う時だけ軽くクッションファンデを塗る程度ですが、ＡＫＢ時代は自分でメイクをしていたので、メイクには実はそれなりのこだわりがあります。

私は、顔がぎゅっと中央に寄り気味なので、アイラインを引くだけでかなり印象が変わります。だから、目を真ん中から真っ二つに割って、真ん中から外側にしか引きません。アイシャドウもマスカラも同じ。全部真ん中から外側のみで、引っ張るような感じで塗ります。眉毛を描く時も「外に」が基本。とにかく「外に外に」が、私のメイクのこだわりなんです。

ちなみに眉毛は２週間に１回、自分でブリーチしています。ドラッグストアで売っている普通のブリーチ剤を自分で混ぜて塗ってティッシュを貼って。

theme
032
/
ヘアサロンで学ぶ大人道

髪の毛はいつもＴＷＩＧＧＹ．の松浦美穂さんに切ってもらっています。松浦さんに出会ってから、髪型についての悩みがなくなりました。

松浦さんは「昔はね、本当に粋がっていて、かっこつけていたのよ。だからあんな時代でもロンドン行けちゃったんだよね」ってざっくばらんに、さらっと素敵な話をしてくれます。そして私はそんな話を聞くのが大好き。「やりたいことをやりたいじゃん」って自分で自分の人生を切り拓いてきたところ、そしてその人生に責任をもっているところが本当にかっこいいんです。仕事人としてもリスペクト。全部有言実行している人なんだと思います。しかも穏やかに話してくれるから、それがまたかっこいい。

そして最後に「今日はこういう気分にしてあげる」ってつけてくれるヘアオイルがまた

最高に気持ちよくて。
帰り道はいつも、ちょっと大人の階段を上れたような気分になれるのです。
私を新しい世界に連れて行ってくれる、最高に素敵な大人の女性、松浦さん。
この先もずっと、ヘアスタイルは松浦さんにすべてお任せしたいと思っています。

theme
033
/
自分ケアは最高の癒し時間

毎日、どんなに疲れていても、湯船には必ず30分は浸かります。私にとってはただただ癒しの空間で、嫌なことがあってもお風呂に入れれば大丈夫。湯船に浸かって「はぁ〜」って言えばOK。たとえ湯船に100均で買った子どものバスボールが浮かんでいても（笑）。

お風呂から上がったら、体中に化粧水をひたすらつけて、スキンケアして、息子を見ながらバリブラシ。「ママー！」「ちゃんと見てるよー！」って。ちなみにリフトアップのためにバリブラシを使っていたら、なぜかめっちゃ髪が伸びました（笑）。

それから髪を乾かして、セージやお香をたきながらボディクリームを全身にたっぷりつけて、ベッドルームで、息子と遊びながらマッサージ。「おー痩せる痩せる」とか前向きなことを考えながら、こうやって自分を労う時間は一番好きかもしれない。デトックスして心身のバランスを整えてから眠りにつく、これは数少ない私のルールのようです。

そして行ける時は、週に3回ほどジムに通っています。息子を保育園に送ってからパーソナルトレーニングを1時間。マシンを使わない自重トレーニングですが、それでもやっぱりトレーナーの方に見てもらった方が集中できるのでお願いしています。「舞台のために今週は足首強化」とか、その都度テーマを決めて、でもゆる〜く続けています。

それから体のメンテナンスとして月に数回、マッサージへ。不思議なことに、私は肩から上の痛みをほとんど感じないようで、筋膜を刺激する、痛くて有名な施術もなぜか私は大丈夫。2時間がっつりやってもらって、スッキリ。そう、この〝スッキリ〟する感覚が大好物で。これぞ前向き！　って感じがしません？


こうやって改めて書き出してみると、私は見た目を着飾るというよりも、内側のことを気にして生きている人間なのかもしれません。とにかく心も体も健康でいたい。そしてそれが美に繋がる。〝健康＝美〟だと信じているんです。

だから、セルフケアにジム、マッサージ。これらには可能な限り時間を割くようにしています。自分の体と向き合う時間は、仕事に子育てに追われる中で唯一の自分時間。

頭の中も完全にオフにして、明日へのパワーをチャージするのです。

theme
034
/
マイナス思考は睡眠でリセット

人によってちょうどいい睡眠時間は違うけれども、私は6時間半から7時間の間がベスト。それより少なくても不健康で肥満になりやすく、寝すぎても体は衰えると聞きました。なので、できるだけその時間を守るようにしていますが、そうは言っても、撮影に入れば早朝5時起きもざらなので、その辺は臨機応変に。

そして夜の「眠いな〜」という感覚がすごく好きです。「あ〜眠い、疲れた〜」とか言いながらお風呂に入って、ボーッとする、あの感覚が楽しいんです。

今は、寝つきはかなり良いです。寝かしつけながら息子よりも先に寝ちゃうこともしばしば。でも昔からそんなに寝つきが良かったわけではなく、数年前は朝まで悶々として一睡もできなかった、なんてこともざらにありました。

それを変えてくれたのは、篠田麻里子。彼女はほんと「秒」で寝るんです。いつも健康体で、生活リズムもしっかり整っている。朝ご飯はがっつり食べて、運動もしっかりやって、夜11時から1時の間には絶対に寝る、みたいな。その潔さがあまりにもすごかったから、「喧嘩したり、悩みがあってもすぐに眠れるの？　気にならないの？」と聞いたことがあって、そうしたら「寝ないで考えて、解決することなんてひとつもなくない？　その時に考えたことなんて何の意味もないんだよ。時間の無駄」と一蹴。「寝るのが一番！」の言葉に納得して、それからは速攻で寝ています。寝て忘れるっていうのももちろんアリだし。

元々、ぐじゅぐじゅ悩むタイプではないので、すっと真似できたのかもしれないけれど。

子どもの存在も大きいですね。子どもがいたら、落ち込んでいる暇なんてないですし、ウジウジ考えて寝られなくなったとしても、その分、朝はゆっくり……なんてできませんから。だから、もう夜はさっさと寝るに限るんです。

普段からなるべくネガティブにならないよう気をつけて、ポジティブな面を見るようにしています。立ち直れないぐらい嫌なことがあった時は、誰かと電話で話して消化するか、切り替えるポイントを見つけてから寝ます。持ち越しNGです。

そして次の朝は必ずスッキリ目覚めます。

theme
035
/
私なりのファッション論

昔、ひと部屋を衣装部屋として潰して、洋服をたくさん揃えていた時期がありました。でもそれを見ても癒されるどころか、無駄だなぁ、としか思えなくなってきて。25歳ぐらいから上質でシンプルな服をずっと着まわしていたいと思うようになり、それからは「1イン 1アウト」、つまり枚数を増やさないように、新しいものを買ったらさよならする洋服を決めるようになりました。捨てるのではなく、人にあげたりして。

周りからは〝断捨離女〟と呼ばれています。

ZARAとかCOS（コス）とかプチプラ系のほかに、トゥモローランドも好きですね。自分の公式HPでも着用しているアイレネってブランドも好きです。上質な素材感が気持ちいいオーラリーもお気に入りです。

基本的にはシンプルでちょっとエッジのきいたデザインのものに惹かれますね。洋服は月に1回買うか買わないかだけど、タンクトップだけは夏のシーズン、毎年必ず買うようにしています。二の腕が出るじゃないですか。それを見て自分の気を引き締めるというか。自分の体型を意識できる洋服を、夏場はあえて着るようにしています。

買い物はだいたいネットショッピングが多いです。これは多分〝女子あるある〟だと思うんですが、可愛い！　と思ったらまずはカゴに入れて、一旦寝かす（笑）。この方法で本当にほしいのかどうかを判断しています。無駄買い防止作戦です。それでも、たとえ買わなくてもネットショッピングはすごく楽しい！

ハイブランドで持っているものはバッグとお財布くらい。息子が小さい時はふわふわしたマルジェラのバッグを愛用していました。ものもたっぷり入るし、外出先で息子が寝ちゃったらそれを枕代わりに置いたり。かなり使い込みましたね。最近、写真チェック用に大きなiPadを買ったので、それを入れる用のボッテガ・ヴェネタのバッグを新たに買いました。そのバッグは個人事務所を設立した記念でもあります。お財布も、篠田麻里子が買いに行くと言うので付いて行った先のボッテガで3年ぶりに購入。麻里子も含めて、周りにいるオシャレな人たちが「今はボッテガだ」と言うので、素直に「はい、わかりました」と（笑）。麻里子と一緒に買ったこのお財布は、天赦日と寅の日と一粒万倍日が重なっている、ものすごく縁起のいい日に下ろしました。前向き験担ぎは嫌いじゃないのです。

下着に関しては、古い下着を使っていると運気が下がるという話があるので、下着は長くても1年を目処に買い直しています。いくつか愛用しているものの中にユニクロもあります。着心地抜群で値段は手頃。さすがです。

AKB時代から見せパンの下はTバック、これが自分の中での決まりごとでした。衣装に響かないからという理由もありますが、それよりも何よりもお尻に緊張感を持たせて、キュッと上げるため。妊娠してからしばらくは履いていなかったのですが、そろそろまたお尻を上げていかないと。30代になってお尻が下がったなんて言われたくないですから。

そして本当はジュエリーも好きなのですが、失くすのが怖いから普段は着けません。実はネックレスも、なんか着飾っている感が気恥ずかしくて、ひとつも持ってないんです。着けるタイミングがよくわからないんですよ。着けるとしたら衣装でのみ、ですね。

そんな私が唯一ずっと着けているのが、20歳の時に母とお揃いで買った、一生物のダイヤのピアス。スキンジュエリーとして、お守りとして、お風呂に入る時もずっと着けっぱなし。そしてこのピアスだけは私も母も失くさずに、ずっと大切に使っています。

あれやこれやと語ってまいりましたが、流行についてはどれも私の周りにいるオシャレな女子たちに教えてもらっているんです。アパレルに勤めている友達や仕事仲間。そして、いつも素敵な衣装を用意してくれるスタイリストさんたち！　見たことも聞いたこともない、めちゃくちゃオシャレなブランドを見つけてきては、現場にその洋服をいっぱい持ってきてくれて、そのセンスはもちろん、生き方まで尊敬できる方がたくさんいます。

清水けい子さんは「素敵なブランドを見つけて、素敵な人たちに紹介して、繋げるのが仕事だと思っている」と公言されていて、つい先日も、紹介したいブランドがあるからと素敵なピアスを教えてくれました。

15年ほど前に出会い、今もずっとスタイリングしてくれている安藤真由美さんも大好きです。現場のメイクルームでは、ヘアメイクさんと3人でいつでも女子トーク全開で、洋服のことをたくさん教えてもらっています。

プロからオシャレを直接教えてもらえる私は、なんてラッキーなんだと、いつも心から感謝しています。

theme
036
/
SNSとの距離感

私はもともとプライベートを表に出すのが好きではないので、Instagramを始めSNSには、仕事以外の情報を基本発信しません。〝いい人でいたい〟願望も一切ないし、無理して、頑張って、キラキラしたものを盛って見せるようなこともしたくなくて。そんなふうにして「羨ましい！」「可愛い！」なんて思ってほしくないし、そんなだから自分のことを見せても「つまらなくない？」と思ってしまって（笑）。

何を聞かれてもあっけらかんとしゃべれる人間でありたい。こそこそした人生を歩みたくないんです。だからSNSを通じて作り上げた自分を見せるくらいなら、本当の姿を見てほしいなって思うんです。

人に迷惑をかけない限りは、〝ありのまま〟でいたいのです。

theme
037
/
映画は観るのも大好きです！

映画は音楽と違って、比較的幅広くいろんなジャンルのものを観ていますね。

往年の女優さんに目がなくて、グレース・ケリーの佇まいだったり、フランスの女優さんだとアンナ・カリーナ。『女は女である』っていうゴダール監督のラブコメディ映画が大好きです。

でも一番好きなのは若尾文子さん。もしまだ観ていない人がいたら、『婚期』『お嬢さん』『最高殊勲夫人』をぜひ観てください。どれもこれも超チャーミングで、その可愛さったらもう！　重めドロドロ系がお好みなら『積木の箱』を。小津安二郎監督の『浮草』、相手役の田宮二郎さんもかっこいい『「女の小箱」より夫が見た』もヤバイです。

昔、ミュージカル映画にどっぷりハマったことがあって。『雨に唄えば』のドナルド・オコーナー、すごすぎません？　壁、走ってますよね？　ジーン・ケリーってなんなんだ、いったい。みたいな。

今はなかなか映画館には足を運べませんが、それでもNetflixとかでだいたい週に2本ぐらいのペースでは観ています。最近だったら、『パラサイト 半地下の家族』のポン・ジュノ監督が撮った『オクジャ』は大号泣でした。

ジャンルとしては、宇宙系はちょっと苦手で、血みどろよりは楽しい系、それかヒューマン系、ラブストーリーをよく観ます。『(500)日のサマー』は本当におすすめです。

そんな中で、私の生涯ベスト1は、ジェームズ・ディーンの『理由なき反抗』。泣きそうになりながら、パパに怒るシーンの「Talk to me, father」という、その一言が大好きで、ずっと心に残っていて。「あのセリフがいい」って、唯一言える作品なんです。

昔、『エデンの東』『理由なき反抗』『ジャイアンツ』の3本がセットになったコレクターズ・ボックスを買ったんです。で、全部観終わって、「よし、私はこの人の作品を一生追っていこう」とジェームズ・ディーンに恋をした後すぐに、なんと彼が既に亡くなっていることを知ったんです。こんな失恋の仕方は初めてでした。好きになった瞬間に失恋するなんて、作品を追いかけていく幸せが、この人にはないなんて。

そして気がつけば、私はジェームズ・ディーンよりも年上になっていました。

theme
038
/
30歳を迎えて

2021年7月に30歳を迎えました。

30歳になって……まず体は、10代の頃のようにはいかないということを痛感しました（笑）。20代まではどんなに忙しくても、走り続けてもなんともなかったんです。でも今回、舞台が始まるやいなや足を怪我して、肋間筋損傷を患い。お医者さんからは「原因はわからないけど、病気じゃないから大丈夫」とのコメントをいただき、アイシングしながら乗り切りました。大人になるってこういうことかと思い知らされました（笑）。

そして続く映画の、私の役どころは「年下が憧れるお姉さん」。初めての役柄です。

このフォトエッセイもそうですし、他にもアクターズ・ショート・フィルムでは初めて監督をやらせてもらうなど、新しい扉がどんどん開いていて、ワクワクいっぱいのスタートを切ることができました。

自分のすべてを受け止め、自己肯定感を高めて、自分が自分の一番の理解者になってあげないと幸せにはなれない。

30歳になってから、そう思える出来事に何度も直面しました。そしてこの書籍のビジュアル撮影もまさにそのひとつでした。

「もっと恥ずかしがらずに自分をオープンにしてみよう！」。そう心から思えて、それはとてもハッピーなひとときでした。妥協なきクリエイターたちから発散されるエネルギーに満ち溢れた仕事現場が本当に大好きで、自分自身を解放できる数少ない場所なんです。

周りにどれくらい自分のことを思ってくれている人がいるのか、どれくらい支えられているか。

人生には、それに気がつかせてくれる瞬間が時々訪れます。
ふと、自分の周りを見渡すと本当に大事な人たちがはっきり見えてきて、
改めて「ありがとう。幸せだよ」と思えるのです。

「好きなこと、好きなものはみんなたくさんあるはず。
好きな食べ物、好きな色、好きな場所をたくさん見つけていって、
好きで自分の人生を埋め尽くしていくとたくさんのいい人と出会える。
楽しく生きていると、素敵な新しい出会いが確実に増える。
自分を愛してあげて、幸せにしてあげないと周りの人を大切にできない」

最近教えてもらった大切な言葉です。

20代はストイックに自分と向き合い、鍛えていたので、
30代は自分を好きになって、とことん楽しませてあげよう。
私の人生をたくさんの〝楽しい〟で埋め尽くしたい。
〝自分ファースト〟でいてあげたい。

そんな心境の変化がありました。

いいタイミングなので、ここで夢を語らせてください。ちゃんと言葉にすると叶う、それは私の仕事の法則でもあります。

アジアの映画に出てみたい、現場を見てみたいという好奇心がすごくあるんです。昔からウォン・カーウァイの『恋する惑星』とか、大好きなアジアの映画もたくさん。今は中国映画にすごく興味があります。

映画祭へ行くたびにいろんな国の監督がいろんな作品を撮っているのを目にするけれど、私はまだ海外の作品に出たことはありません。このまま何も知らないのはいやだなと常々思っていて。

今は子どもがいるので、プライベートで、というのはなかなか難しいけれど、仕事という大義名分があるならば、すぐにでも息子と二人で海外に行きたいです（笑）。

違う国でお仕事、これが目下の私の夢なのです。

theme
039
/
10年前の20歳、10年後の40歳

10年前の20歳の誕生日がちょうど放送日だった『情熱大陸』をまだ見ることができない自分がいます。

あの頃の私には会いたくないんです。自分自身が「ＡＫＢの前田敦子」に対して一番厳しくて、一番の〝アンチ〟だったので、今でも少し怖いんです。

すべてに対してどこか冷静で客観的、シビアな部分は根底に変わらずにあるけれど、大人になった今はちゃんと自分を労ってあげることを覚えました。そして30歳を迎えて、また10年かけて、〝前田敦子はどんな大人になるのか〟〝どういう仕事人になるのか〟をテーマに、構築していく感じですかね。

ただ、流れには敏感なんです。いい流れには基本的に身を任せたいタイプなので、お？

流れが変わってきたな、時代が変わってきたなと感じたら、むずむずして別の流れに乗ってしまうこともあると思うんです。今まで積み上げてきたものから、自分で降りちゃうっていう。怖いもの知らずなのかな。だから、もしかすると海外にぽーんと行ってしまったりしているかもしれない。5年後に全く違う土地で役者やっているとか。ありえますねぇ(笑)。

この本も10年後読んだら「こんなこと語って、若かったね〜私」って言ってるかもしれないし、20歳の『情熱大陸』同様に、全否定しているかもしれない。

それでも、「こんなふうに楽しく生きているおばちゃんっていいね!」って思われたら最高ですね。

目指すのは、そこなのかもしれません。いや、そこでしょう!

Q&A
149

Q1. 好きな色

白

Q2. 動物に生まれ変わるなら
何がいい？

猫

Q3. 将来の目標は？

自然がたくさんの場所に住んで、
朝日で起きる毎日で、
半分デジタルデトックスな
生活をしたいです。

Q4. 一人で１週間の海外旅行。
どこへ行く？

ヨーロッパか
アジアツアー

Q5. モノマネをするなら？

我が子

Q6. 息子のここが一番好き！

本当に面白い！！！

Q7. 自分の体のパーツで
一番好きなところ

頭の形

Q8. 自分の体のパーツで
一番嫌いなところ

鼻

なんでしょうね〜お鼻って

Q9. １時間空きました。
何をする？

パーソナルトレーニングに
行けたらいきます。

Q10. 最後の晩餐、何食べる？

お寿司

Q11. 今すぐ食べたいものは何？

甘いものはいつでも
食べたいです。

Q12. どういう時に緊張する？

自信がない時……

Q13. 好きな漫画

『ガラスの仮面』

Q14. 好きな本

『純情ババァになりました』

Q15. 一番リラックスできること

コーヒーを飲むこと

Q16. 寝る時の格好

Tシャツに下は
パジャマです。

Q17. パンツ派？ スカート派？

パンツ！！

Q18. 理想の男性に一番近い人は？
（アニメでも俳優さんでもなんでも可）

『ハウルの動く城』の
ハウル

Q19. 好きなお花

かすみ草

Q20. ジンクスはある？

ないですね……

Q21. オンオフのスイッチは何？

今は我が子といる時はオフ、
いない時はオンです。
プライベートで友達と話した
瞬間オフモード全開になります。

Q22. 好きな女優さんは？

若尾文子さん

Q23. お寿司屋さんで
絶対に頼むネタは？

ミル貝

Q24. お寿司屋さんで食べる
ネタの順番

大将のお任せで
食べたいです。

Q25. 今一番したいこと

息子と
海外旅行に
行きたい。

Q26. 挑戦してみたいスポーツ

スポーツは観て
楽しみたいです……(笑)。

Q27. 好きな季節

夏!

Q28. 今までに呼ばれたことのあるあだ名

あっちゃん、敦子、
あっさん、姫、前田さん

Q29. 無人島にひとつ持っていくなら?

家

Q30. 好きな曲を3曲教えて

その時の気分で全然変わるので、
選べません!!!
テイラー・スウィフトは
ずーっと私の青春です。

Q31. お風呂で体を洗う時、どこから洗う?

顔

Q32. カバンの中にいつも入れているもの

iPad、充電器、
お財布、鍵

Q33. 好きな場所はどこ?

家のキッチン

Q34. 学校で得意だった科目

家庭科

Q35. 服を選ぶ時のポイント

色の組み合わせは
考えてます。

Q36. 初恋は何歳?

おませだったのかなあ?

5歳

Q37. 女子力って何?

キラキラ

Q38. 今一番ほしいもの

安心

Q39. セリフを覚えるのは得意？

苦手意識はありますが、
嫌いじゃないです。

Q40. タイムマシンがあったら
どこに行く？

10年後

40歳!? ドキドキわくわく

Q41. 好きなスイーツ

フィナンシェ

Q42. 好きな果物

さくらんぼ、桃、
柿、イチゴ

Q43. 宝くじで5億円当たったら
何に使う？

家族で旅行、そして
親と子どもに
プレゼントします。

Q44. ドラえもんの道具をひとつ
もらえるなら何をもらう？

暗記パン

Q45. 理想のデート

デジタル
デトックスをする。

Q46. ヘアスタイルはなんて
言ってオーダーしてる？

お任せです！

Q47. 体型維持のために
していることを教えて

月に1度固形物を取らない
日を作っています。
あとはパーソナルトレーニングと
家でも簡単なストレッチ、
基本主食は魚な人生です。

Q48. 座右の銘

雲外蒼天

いいですねぇ、そんな人生

Q49. 子どもの頃の夢

ケーキ屋さん

Q50. 自分の性格を一言

自分と戦っている人

おわりに

わー疲れました！　楽しい方の、です。
自分自身とこんなに向き合って文章に、かたちにするのは人生で初めての経験でした。
もちろん根本的な部分は変わりませんが、
書いた時はつい最近のことだったのに、次に読み返した時は、
もう変わっていたりと、日々の変化の速さに驚かされ、
そのたびに更新し、ギリギリまで書き換えさせていただきました。
時の流れ、自分の人生の進み具合とも向き合えて、すごく刺激的な時間でした。
やはり楽しいです、人生。
この本のタイトル『明け方の空』は秋元先生が考えてくださいました。
人生たくさん楽しいことがある分、
踏ん張らないと乗り越えられない瞬間が時にやってきます。
でも、本当に乗り越えられなかったことはひとつもないです。

明け方の空は清々しく、心から吹っ切れた先はどこまでも気持ちがよく、

乗り越える前も乗り越えた先も、人生にしっかり刻まれます。

そしてまた先に進める、大きな一歩です。

30歳になった瞬間、私はまさにそんなところにいました。

なので、秋元先生が出してくれた候補の中から、このタイトルにさせていただきました。

秋元先生、いつもいつもありがとうございます。

いつの日か、また書きたくなるかもしれません。

それまでにもっと面白い前田敦子になり、そこまで貯めておきますね。

一緒に作ってくださったスタッフの皆様には本当に感謝です。

そして本に名前を出させてもらった皆さんと、

書ききれなかったけど、私の人生に関わってくれているすべての方に

「これからもよろしくお願いします」。

手に取っていただき、読んでくださりありがとうございました。

少しでも楽しんでもらえたなら、嬉しいな。

前田敦子

前田敦子　Atsuko Maeda

1991年7月10日、千葉県に生まれる。2005年に約8000名の応募者の中から「AKB48オープニングメンバーオーディション」に合格。同年12月8日、AKB48の1期生として活動を開始。グループの中心メンバー「あっちゃん」として舞台に立つ。また2011年には映画初主演も務め、ソロデビューも果たし、個人としても様々な活動に挑戦。翌年の8月27日、AKB48を卒業した。

現在は舞台や映画を中心に女優として活動し、2019年の主演映画『旅のおわり世界のはじまり』は、日本史上初となる「第72回ロカルノ国際映画祭」のクロージング作品として上映された。同作で第11回TAMA映画賞最優秀女優賞、第43回山路ふみ子映画賞で女優賞を受賞。

2021年より個人事務所Office MAEDA ATSUKO所属。

SHOP LIST

AHKAH 03-5785-0790
A.P.C. CUSTOMER SERVICE 0120-500-990
Atrum Design(Harunobu Murata)
info@harunobumurata.com
CAITAC INTERNATIONAL 03-5722-3684
ELENDEEK 03-6853-0100
FILM (CORCOVADO / DOUBLE STANDARD CLOTHING / Sov.)
03-5413-4141
KNOWHOW jewelry 03-6892-0178
MESSIKA 03-6262-7688
REPOSSI 03-3352-1111
SNIDEL (mash style lab Co.,Ltd.) 03-5778-4104
Steady Study (TOM WOOD) 03-5469-7110

SPECIAL THANKS
KARAOKE MOCOMOCO SHIMOKITAZAWA
https://www.karaoke-mokomoko.com/store/shimokitazawa/

明け方の空

2021年10月27日　第1刷発行

著者　前田敦子
発行人　蓮見清一
発行所　株式会社宝島社
〒102-8388　東京都千代田区一番町25番地
電話　営業　03-3234-4621
　　　編集　03-3239-0926
https://tkj.jp

印刷・製本　日経印刷株式会社

ISBN 978-4-299-01888-5